그리운 사람이
그리워하지 않는 사람에게

이든시인선 008

그리운 사람이
그리워하지 않는 사람에게

박향숙 시집

■ 차례

1부 떠나는 꿈에 들다

바람의 새	11
바람	12
모른다네	13
살아오면서	14
별을 보며 산다	15
눈 내리는 밤	16
탄식	17
사랑은·1	18
사랑은·2	19
어떤 서러움	20
해질녘	21
마음 방울	22
오월	24
살고 싶다	25
들꽃에게	26
너로 인해	27
시인은	28
내 마음의 공간을 위하여	30
흐린 날 각색 없이	31
떠나는 꿈에 들다	32

2부 꽃비 내려

힘들면	37
난꽃 향	38
섬	39
새벽 세 시의 풍경·1	40
새벽 세 시의 풍경·2	41
길들여진다는 건	42
우리 별	44
술에 대한 단상	45
비가 내리면	46
눈물이 난다	47
이런 날	48
꽃비 내려	49
눈물이 나는 날	50
고요로움	51
그대에게	52
흐린 날	54
그리움	55
시월의 추억	56
절망	58
움직이는 것에 대하여	59

3부 난 당신의 꺼지지 않는 촛불

내 마음에 ——— 63
눈 ——— 64
난 당신의 꺼지지 않는 촛불 ——— 65
나 떠나리 ——— 66
잘 지내시나요? ——— 67
그리운 사람이 그리워하지 않는 사람에게 ——— 68
암울 ——— 69
별리·1 ——— 70
별리·2 ——— 71
외로운 암전 ——— 72
노을 ——— 74
잊으리 ——— 75
오늘도 나는 ——— 76
바람이야 ——— 78
환절기 ——— 79
그대를 부르네요 ——— 80
별 하나의 사랑·1 ——— 82
별 하나의 사랑·2 ——— 83
별 하나의 사랑·3 ——— 84
홀로 있게 하고 ——— 85

4부　눈물의 무게

오늘 하루는 ——— 89
적시네 ——— 90
지금 밖엔 눈 내립니다 ——— 91
그리움의 시작 ——— 92
너 때문에 눈물이 난다 ——— 93
온 마음으로 ——— 94
외로웠던 거야 ——— 96
이제 ——— 97
충분하다 ——— 98
눈물의 무게·1 ——— 99
눈물의 무게·2 ——— 100
사랑은 관심이야 ——— 101
그의 노래 들리네 ——— 102
도무지 알 수 없어 ——— 103
그리움이 타는 밤 ——— 104
인연 ——— 106
미움이 간다 ——— 107
흐린 달빛을 안은 구름은 저문 강과 같다 - 108
빗물처럼 ——— 109
기억하라 ——— 110
눈물 속에 피네 ——— 111

5부 외로움의 시작

꽃이 진 자리 —— 115
가을은 —— 116
외사랑·1 —— 117
외사랑·2 —— 118
외로운 건 —— 119
외출하기 좋은 날 —— 120
바람의 향기 —— 121
달빛 —— 122
암연黯然 —— 123
풍경風磬 —— 124
사치 —— 125
엄마 —— 126
친구에게 —— 127
외로움의 시작 —— 128
희망 —— 129
해바라기 웃음 —— 130

▎詩人의 말 —— 131

1 떠나는 꿈에 들다

바람의 새

한번도
만져보지 않았던
새의 날개가 있었네

어느 날 문득
내 기억의 둥에서
슬피 우는 새

그대
속에서 사는 참,
외로운 새

바람

잡히지 않아
그리움에
걸리고

보이지 않아
외로움에
걸리고

오늘도
살랑이는

모른다네

주변 날 아는 이들
날 밖으로 나오라 하지
햇살 보고 바람 쏘이고
아름다운 풍경 보고
즐기라 하지
하지만 난 싫은 걸
밖은 지옥, 집은 천국
혼자서도 좋아
혼자라서 좋아

주변 날 아는 이들
이해 못해, 내 마음
고독을 즐기는
외로움에 빠져드는
그 고즈넉한 아름다움
침묵 속 손짓하는 미소
햇살 넘어 빛살의 화사함

모른다네
모른다네

살아오면서

깊을수록 밤이 밤을
삼키는 시간

살아오면서 흘렸던
내 안에 뜨거운 거
사랑의 출렁임 같은 거

무너지는 시간
검은 바다가 그립지만

난 그만 슬프련다

그 시간들을 기억하며
또 되새김하겠지만

살아오면서
살아가면서

난 그만 아프련다

별을 보며 산다

그래
가끔은 맨 정신으로
살아보자

삭정이
시린 바람에 흔들린다

터벅터벅
걸어가는 길
때로 고개를 들어

별이 보이면 별을 보고
어둠뿐이면 어둠에 안겨
몇 개의 이야기는
불타오르고
몇 개의 계단은 계속 이어지리니

오늘도
내일도
별을 보며 산다

눈 내리는 밤

고요가
빛과
눈
사이에 머무네

싸한 바람이 한 발짝
시린 내 눈이 두 발짝
다가서는
햇새벽

웅크린 삶의 그림자에 앉는
긴 호흡들이
두툼한 생각들을 접네

빛과
눈
사이의
고즈넉
내
두 눈망울이 젖어만 드네

탄식

온통
허방이다

작은
끄나풀이라도
잡고 싶다

처연히
바람이 시간을 물고 가는데

탄식처럼
밤이 오고 있다
이제 되돌아가고 싶다

사랑은 · 1

사랑은
그리움을 견디고

사랑은
외로움을 견디고

사랑은
나를 또한
견뎌야 한다

사랑은 · 2

가슴이
젖어드는 것

온통
젖어 들어
남김없이 흐르는 것

흐르다
한
점이 되어

외로운 슬픔에서
벗어나는
마음

어떤 서러움

신호대기 중
앞 차는 거대한 동굴이었다
철창문이 있는
어둠보다 칙칙하고 음습하다

그 거대함 속의 조용한 움직임은 이제
마지막을 향해 가는 것을 아는지 우연히 스친
눈 깜박임이 무겁게 흔들린다

농장에 있을 때의 온전함을 애써 기억 밖으로 버리는지
트럭과 내 눈 사이에 떨리는 호흡들이 아른거린다
온 생애가 네 개의 발바닥에 천천히 묻히고 있다

집으로 돌아와 저녁으로 나온 쇠고기 미역국
어떤 서러움이 자꾸만 숟가락과 입 사이를 오가고
밤 내내 내리는 빗소리

밤 내내 뒤척일 네 다리 그리고, 내 다리

해질녘

너의 고요로움
아찔하게 서글프다

일으키던 바람에
꽃잎마저 잠이 들면

비어지는 마음
너에게 담그리라

너를 미칠 듯이
느끼는 순간
무너지는 빛 속에
쏟아지는 막막한 눈물

잠시 흩날리는 마음엔
길게 울던 내가 있어
아무래도 널
너무 사랑하는 것 같아
외로운 거다

마음 방울

밤 사이
별처럼 비 몇 방울
떨어졌는지도 모르겠다

모든 건
마음을 견디기 위함인 걸
사라진 빗방울 찾아 일러주고 싶다

눈물
그리고 눈물
살아서
아침을 맞이하는 건
그리고
어스름한 저녁과 밤의 고적에
잠식하는 건

스치는
바람 속
일별 같은 것

그랬다,
살아가는 건
방울방울
눈물짓는 것 그리고
떨구며 떨구며 모든 것
떨구어 스미어 사라지는 것

오월

내 허기진 마음에
바람이 분다

눈물 나는 오후 세 시
외로움이 햇빛처럼 쏟아진다

세상을 온통 덮어 버리는
오월의 비애여!

봄이 앓고 있다
앓고 있는 봄을 내가 또
찬란히 앓고 있다

살고 싶다

파란
하늘처럼
웃고 싶을 때

새벽이슬 맺혀 떨어질까?
아닐까?
고개 갸우뚱거리는 아침 마주볼 때

너의
생각에
온몸이 설렘일 때

까맣게 그을린 내 청춘이
자꾸만
손짓하는 밤 그때

들꽃에게

저기 들꽃
자세히 보니
날 위해 피었구나

널 사랑한 것도
날 위한 것이었음을 알고

눈물 흘린 것도
날 위한 위로였음을 안다

그러니 들꽃이여
세상을 향한 작은 몸짓 애처로워도

널 위한 시간만큼은
태양보다 빛나거라

너로 인해

너로 인해
우는 가슴이 있다
별이 아롱진 까만 하늘로
깊은 상심이 바다처럼 펼쳐지고
못내 그리워지는 숨결이
아픔 되어 익어간다
늘 또렷하지 않은 모습으로
가만 다가와서 그저 침묵하는
미소로도 안을 수 없는
흐물거리는 너로 인해
멍든 살이 있다
끊임없이 되풀이되는
무의미한 인생에서
가시로 핏물 들이는
썩어가는 육신이 있다
너로 인해
바람조차 무덤으로 돌아가는
밤이 있다

시인은

시인은 노래한다네
장미 넝쿨 사이에서
가시로 시를 쓰며
향기에 취해 노래한다네

그 노래 장미 정원을 넘어
그대 사는 마을까지
퍼진다네.

그대, 시인의 노래를 들으며
오늘 밤도
잠이 들지
내일 밤도
잠이 들겠지

시인은 언제까지고 노래를 한다네
장미와 가시에 얽힌
사랑 노래를

그대, 시인의 노래를 들으며

오늘 밤도
내일 밤도
사랑을 꿈꾼다네

내 마음의 공간을 위하여

가슴에 불타는
장미 빛 사랑
외줄기 빗물 되어
길 위에 촉촉이 쌓이고
이제는 오직
이별의 젖은 자취를 위하여
마련된 시간 앞에
사치스런 침묵만이
음울한 밤

일월은
새벽별처럼 빛나고
소색이는 바람 속에서
길게 우는
그리운 얼굴이여!
못내 서러웠던 만남을
춤추는 영혼을
기억하기 위하여
나 그대 모습이고 싶다

흐린 날 각색 없이

날이 흐리고
마음에 먼저 비 내리는 날
알파별 카펠라*를 샀다
증서 받아 가슴에 안고
걸어오는 길
회색의 하늘이 자꾸만 어깨를 눌러
푹 꺼져들 것 같은 압력

카펠라 속 시린 여백으로의 호흡
잠시 50광년의 광선처럼 빛이 되어본다

날이 흐리고
마음에 먼저 비 내리는 날
수묵의 번짐처럼 쓸쓸한 이른 아침을 보내고
젖어드는 화선지처럼
회색의 하늘 보며
가슴 속 별 하나로
각색 없이
비구상을 꿈꾸어 본다

*마차부자리에 있는 알파별 카펠라는 하늘에서 6번째 밝은 별.

떠나는 꿈에 들다

가로등 빛
스러지는 빈 골목
바람만 가득 메워져 사나운 이 거리에
그저 흔들리는 전선줄이나
귀퉁이의 잡초들
혼자서 어디론가
고즈넉한 새벽을 쓸고 가는 먼지들

부대끼는 마음 다스리지 못해
이런 시간의 속에 들어
멀리까지 점점이 작아지는 가로등 기둥들을
오디 빛 눈망울에 아프게 넣고 넣어도
지금이 다시 찾아오지는 않겠으나
깊은 한숨이 이 골목을 가득 채워도
언젠가 다가설
이별 앞에선 기억의
빛이 될는지도 모르는 일

어느 모퉁이를 지나면
이 세상의 문턱을 넘어서는

순간을 기다리는
이런 불빛 하나 오롯이 있을지도 모르는 일

햇새벽
텅 빈 골목에서
온통 절망의 침묵을 등지고
고개 들어 뒤를 쳐다보다
문득 이 세상 밖으로
떠나는 꿈에 들다

2 꽃비 내려

꽃비 내려

가원 박향숙

바람 불어
꽃비 내리는 날

이우는 시간에서
샘을 노래하는 사람들

아련한 눈빛이
흐르는 어둠으로
사위어 가면

흐려지는
적막 있으니

바람아
멈춰주렴

흩어지는 꽃비에
이별의 시
한 떨기로 흐르도록

힘들면

힘들면
우세요, 그대여!
하늘 보고
바람에 기대어
소리 내어 우세요

어둠이 내리면
홀로 맘 깊은 곳에 들어
끝내 서러운 그대
알아 볼 테니
제가 보듬을 테니

고백에 서툰
그대여!
허공에 흩날리는 낙엽 같은 울음
뚝뚝 흘리며 온몸으로
비처럼 우세요

난꽃 향

그리웠다, 그립지않다

그립지않다, 그리웠다

바람결에 딸려온 난꽃 향
코끝에 머무르다
허한 속으로 파고드는데

나갈 수도 없고
들어갈 수도 없는

네
맘속을
어이하리

섬

바다
저기쯤
출렁이는
한 사랑 있어
파도에 날개 다니
팔랑팔랑 연주 아름다워라

바다
노래에
달싹이는
입술 붉어서
뜨거운 바람 날리니
살랑살랑 그대 안고 싶어라

새벽 세 시의 풍경 · 1

오후 세 시에도
새벽 세 시에도
깊이 잠이 들고픈 거다

계절은 지나고
사랑은 기다리지 않고
서둘러 떠나기에
늘 배가 고팠고
늘 잠이 고팠던 거다

허무에 부딪히는 일은
진절머리가 나므로
쓸쓸한 바람이 머문 자리엔 앉지 않으리

또 어느 계절을 건너야 하나
창백해지는 시간들이 자꾸만 오고 있는데

새벽 세 시의 풍경 · 2

새벽 세 시
아직 잠도 들지 않았는데
닭은 일어나라 새벽새벽 우네

칙칙하고 어두운 〈안〉에 갇혀
아직 생각할 게 많은데
닭은 소리 내어 너울너울 몸짓 하네

형체 없는 침묵을 잡으려고
없애려고 저렇게까지 울부짖을 수 있을까 몰라
밖에 나가 별이 되어 반짝반짝 쏘아 볼까

길들여진다는 건

길들여진다는 건
서러운 일
언젠가 길들여졌던
모든 것으로부터
벗어나야 할 때
그런 순간이 찾아온다면
마음에 휘감았던 모든 익숙함에
등 돌려야하는 일은 아픔일 테니까

그땐 뒤돌아보지 말자
달빛도 그저
별빛도 그저
무심하리니
어둠처럼 마음에 내리는
쓸쓸한 아우성 속에서도
입술을 닫아야 하리

그대에게 길들여진다는 건
해가 바뀌고 또 해가 바뀌는 것처럼
자연스러운 일이었으나 이제는

이제는 잊어야 하리니
입술을 깨물며 붉은 핏방울 저 석양으로 흘러가네

우리 별

별도 외로워
빛났고
나도
너도
서로 외로워
그 빛에 기대었다

지금은
우리
서로
그
별을 보며 산다

술에 대한 단상

어찌 너를
하루라도 품지 않을 수
있겠는가

화끈 달아올라
무너져도
끝까지 안으리라

평생을
우리 서로
어울려 보자꾸나

웃음과 눈물을 나누는
내 연인아
사랑해

비가 내리면

살아오면서
그립고
외롭고
사랑했던 것
모아 눈 속에 넣어
눈물로
흘려보내자

비가 내리면
빗물에 내려 보내자

잿빛 구름 희붐한 무늬
마음에 닿으니
갈 빛 계절이 어깨 위에 앉는다

무게가 없는 슬픔
살포시 갈앉는다

눈물이 난다

나무는
나무로 서 있고

조용한 땅의 기운이 쓸쓸하다
햇살 등진 축축한 기분이 오늘을 덮고
가지 끝에 슬며시 앉는
내가 밉다

오래도록 말 걸지 않아 사라졌던 언어들이
나무를 타고 오른다 우듬지까지

하늘을 꿈꾸는 하늘 아래서
나무는 또 다른 무엇을 꿈꾸었을까

바람이 세차다
높은 곳에서
새가
운다

이런 날

바람
사납다

어둠 뚫은 불빛들
저마다 이유를 달고

반짝이는
밤

이런 밤이면 가슴이 먼저
빈 들판을 내달린다

현기증 나도록
멀미 나도록

오래오래
달리고
싶다

꽃비 내려

바람 불어
꽃비 내리는 날

이우는 시간에서
이별을 노래하는 사람들

아련한 눈빛이
흔들리는 어둠으로
사위어 가면

흐려지는
적막 있으니

바람아
잠시 멈춰주렴

흩어지는 꽃비에
이별의 시
한 떨기로 흐르도록

눈물이 나는 날

나는
오늘도
몹시
외로웠으며
쨍쨍한 햇살에 기죽었고
먼지 품은 바람이
쓸쓸해서 힘들었다
그래서 또 눈이 아프다

가슴 두근거리는 기다림을
가슴 먹먹하게 울리는 그리움을
조용히 안으며
어디쯤에서
숨죽여 울어야 하나 하고 떠올리니
그래서 또 눈이 아파오는 것이다

고요로움

바람에도
흔들리지 않아

햇살 너머
외로웠다

늦은 봄
나른한 오후의

고요로움

살포시 고즈넉에
스미어 아프다

그대에게

그대
얼굴을
썼다
지웠습니다

밤이 지나가고

그대
마음을
그렸다
지웠습니다.

겨울이 오고

찬란한 추억이 하얀 그림자 되는 계절
누구의 잘못도 아닌 것에 대해
우리 소원했던 거리
엷은 슬픔이 눈처럼
스며드네요

정성껏
그대를 읽고
눈 내리고 쌓일 때마다
매번 작은 바람이 일어요

부디
무진한 그리움을 기억해 주세요

흐린 날

회색의 바람이
기대오면

거기에
젖어 빛나는 사선
돌아서 무심해지는 날들

아무하고도 말 섞지 않은 날엔
아무 일도 하지 못했다

그리움

가슴에 일렁이는
우울을 추스르며
한 가닥 침묵을 삼키는
일그러진 모습
조요로이 상념하는
태양 속에서
엉거주춤 휘날리는 그림자가
눈자위를 흐리게 하네
등돌려버린 미소로
더디 새는 나날
홀로 웅크린 몸 속으로
휘둘러지는
시린 호흡이
사정없이 비틀거린다
그리움처럼

시월의 추억

얼굴은 낙엽이다
시월의 끝자락에서 바람에
이리 쓸리고 저리 쓸리어
길 잃은 지 오래
서둘러 스스로를 심연 속에 빠뜨려
세상으로부터 누렇게 떠 있다

기억은 억새풀이다
찬바람에 흔들리는
속내를 끝내 감추지 못하여
몸 부대끼는 줄 모르고 서걱이는
마른기침 소리다
흔들리고 흔들리다 떨어져
내리는 그리움을 흙에 묻고
고즈넉한 어둠에 길들여지듯
고개 숙이는 상처다
아프게만 나부대는 계절의 흔적들이다

마음은 해질녘의 풍경에 골몰한 어둠이다
머지않아

하나 둘 별을 안고
달빛에 외로움을 품으리니
감빛 미소는 쓸쓸한 것. 마음은
세상으로부터 옹송그려 있다

절망

푸른 낙타를 타고
도시를
떠나며 술을 마시다
하늘에 별이 시리고
거리엔 찌꺼기들이 걸어 다니고

오염의 굴레를 벗어나서야
나는
취했다
등 뒤로 힘겹게 매달아온
희망의 날개를 벗어 던지고

아침을 맞이했다
안개, 안개 속 는개는
푸른 낙타를 묻고
내 그림자마저 잃어버리고

움직이는 것에 대하여

붙박이장처럼 견고하게 나는
매일매일 방 한켠에 달라붙어 있다

시간은 느리고도 빠르게 흐르고
천장을 뚫은 하늘은 늘 회색빛이다

하릴없이 소리에
귀 기울여 보다가
문득 소리 없이 지나가는 들고양이 한 마리

숨죽인 여유에 들어와
손 내밀어, 나는
오랜만에
살아 있는 것에 대하여
생각해 본다

3 난 당신의 꺼지지 않는 촛불

내 마음에

내 마음에
가득 모았던 그대
이제는 흩어 놓겠습니다

아무 말도 없는
시간들 속
세월 따라 흐른 그대

그런 시간들이
상처가 된다는 걸
그댄 모르시겠지요

무심히
구름이 벗 해주니
눈물이 맺히고

깊은 침묵만이
우리 사이를
오고 갑니다
여전히

눈

이
쓸쓸함
어디에 묻을 것이냐

이
외로움
무엇으로 덮을 것이냐

이
그리움
어디에 흩어 놓을 것이냐

고즈넉이 펼쳐진

눈 속
눈 밭
눈 위

그대
안

난 당신의 꺼지지 않는 촛불

당신이 미워요
성냥에 휙 불 그어 놓고
촛대 그 끝
당신의 심지에
가 닿지 못하게 하니까요

언제 당신께
다가가 타오를 수 있을까요

언제쯤
당신 가슴에
가 닿아 뜨거운 눈물
흘릴 수 있을까요

그리운 거예요
타오르지 못하는
이 마음
외로운 거예요
속으로만 우는
이 마음

나 떠나리

추억의 페이지마다
발자국 남긴 채
나 떠나리

구름을 딛고
바람에 실려
마음에 작은
그리움 품으리

사랑했노라
입으로 전하는
노래 부르며

그리웠노라
가슴으로 젖는
아픔, 노래하리

추억의 페이지마다
발자국 남긴 채
나 떠나가리

잘 지내시나요?

바람이 불어요
비가 내리기도 했죠
햇살에 눈이 부셔 아프기도 했고요
달이 너무 밝아 깊은 외로움에 떨기도 했지만

그래도
잘 지내요…
보고프면 하늘가에 기대고
그리우면 언덕 위에 앉아 있고
눈물이 나면 걸었어요, 마냥

비 슬피 젖은 길
눈 내려 하얗게 아픈 길
바람이 살폿 어울렸던 길
미소 듬뿍 깃든 길들

난 잘 지냅니다.
부디 멀리서도 건강하시럽니까?
그러면, 더없이
오늘도 행복하겠습니다

그리운 사람이 그리워하지 않는 사람에게

기다리는 사람이
기다리지 않는 사람에게
띄웁니다

바람 부는 날
바람 맞으며
바람에 실은 한 줌 사랑 안고

기다리지 않는 사람에게
노래 한 자락 띄웁니다

암울

너를 생각하지 않았던 하루는 지옥의 늪이다
허공에 낀 검은 공기
그 안에서의 몸부림이다

살랑대는 바람에도 고갤 숙이는 그림자
눈이 부신 태양 등지며
어깨 남 몰래 들썩이는 그림자

너를 그리워하지 않았던 날은
까만 밤보다 깊은 어둠이 발등을 짓누르고
떨어진 눈물에 그만 주저앉아야 했다

너를 사랑하지 않았던 날은
조용한 무덤가에 핀 시든 꽃이었다

생각을 더듬어보니
너를 사랑하지 않았던 날은
숨 쉴 수 없는 찰나의 연속이었다

별리 · 1

하얀 설원 위
한 사람의 발자국

그 위에
또다시 눈 내리고 쌓여

한 사람의 발자취마저
사라지는 것

별리 · 2

셀 수 없는 빗방울
차오르는 슬픔
만질 수 없는 소리에
우수수 흐르는 고요의 일그러짐

잠들면 잃어질 사랑이 잠기네
가까이서 멀리까지
영원할 수 있다면
조각난 내 사랑 빗물만 따라가네

외로운 암전

사무침은
사람들의 불꽃을 당긴다

우리가 이해할 수 있는 거리에 피는 어두움
구멍난 만남으로
사람들이 젖어가고 있다

새벽을 시작해야 할 안개 위로
속살이 뭉개지도록 잊어야 하는 사람

간간이 부서지는 기억이
보이지 않아
추억을 모두 벗어 버려야 하나

홀연히
바람 속 안개 걷힘은 외로운 사람들의
잘린 가슴이 쌓이는 소리

우리들의 암전으로
쉽게 흔들리지 않는 아우성으로 가자

때론
모습을 보이며

노을

그대를
생각하면
손끝에서 발끝까지
아려온다

머릿속이 하얘진다

망망대해에
떠있는
내 파란
심장

그대가
안으면
곧
뜨거운 불이 되리

그
뜨거운 불덩이
그대 심장에서 녹으리라

잊으리

눈 내리니
잊을 수 있겠네

그립다 부르던
노래 접고
하얗게 타 재가 된 마음
눈길 속으로
묻으리

티 나지 않을
내 사랑
조용히 눈 위에 쓰러지네

돌아오는 걸음마다
뽀드득 뽀드득 울겠네

스산한 바람,
머리만 날리네

오늘도 나는

오늘도 나는
그대 배경으로 들어가
하루를 시작합니다

비가 내리는
눈이 쌓이는
바람의 말이 흩어지는

그대의
안

오늘도 나는
그대 안부 속에서
들숨과 날숨으로 날리웁니다.

그대여!
순정한 하늘빛 소리 들리시나요?
까만 밤 별빛 숨 고르는 소리 들리시나요?

오늘도 나는
그대의 배경에서
하루의 문을 닫습니다

바람이야

잠시
기절하는
시간이 있다면
너를 안고 싶어
아무것도 방해받지 않는
시간의 속에 들어
뜨겁게 세상을 품듯
너를
안으며
내 안에 고이
그려 넣고 싶어
속으로만, 속으로만
놓인 내 사랑
가만 보듬어주는

오늘도 너를 그리는 난
바람이야

환절기

빗속으로
다정했던 문장들이 내린다

거닐던 추억이 하나 둘씩
정성껏 페이지를 만드는 동안
세상은 고요에 들고
어둠의 입술은
우리의 이별을 이야기했다

겨울과
봄 사이에는
무심코 뱉어진 기침의
메아리가 있을 뿐

메아리에 섞여
우리의 이별이 빗속을
흘러갔을 뿐

하염없이 비는 내리고

그대를 부르네요

감추고 있어요
두근거리는 맘
하고픈 말
수없이
속삭이고
싶지만
바람에게
전하지요
그저,
눈시울에 넣어
흘려보내지요
해가 지고
별 아스라한 밤
밀려오는 애잔한
그리운 이름
한 번
두 번
헤아리는데
햇새벽을 넘어
망망한 바다까지

이 마음은 닿으리니
늘,
그대를 부르네요

별 하나의 사랑 · 1

작으면서 야트막한
내안에 고립된
찌꺼기의 앙금을 털어 내며
핏물 서걱이는
가슴에 결리는 사랑 하나

빗물에 흔들리는 바람 속을
수없이 헤매어도
그리워지는 차디찬 얼굴
크면서 깊게
영혼 빛으로 온몸에 아롱이는
꿈같던 그대

끈끈한 인연이고자 무던히 애쓰던 보람
무너지고 부서지고
지치던 우울 끝 그대

추락하는 심장을 여미며
내 작으면서 야트막한
별 하나의 사랑으로 남아 있습니다

별 하나의 사랑 · 2

그대 향한 마음이 아픈 건
이루지 못할 사랑 때문이 아니라
너무 간절하게 그리운 까닭입니다

바람처럼 흔들리는 마음을
가눌 수 없어
목이 메어온 까닭입니다

먼먼 바다를 향해 소리치는 건
그대에게 다가서기 위함이 아니라
멀리로 잃어지고 싶은 까닭입니다.

함께 앉아 같은 곳을 바라봐도
손을 잡고 마주 앉아 서로의 눈빛을 봐도
어둠만이 펼쳐져 있기에

이제는 힘들여 울음을 삼킬
별 하나가 사라졌기 때문입니다

별 하나의 사랑 · 3

내 사랑 하얀 꿈을 꾸네
푹 젖은 채
잠을 자네
지나가는 그대여
흔들지 말아주오

내 마음, 사랑 그 속에서
흐드러지게 웃으며
날갯짓 하네
떠나가는 그대여
손짓하지 마오

이별도 그 나름의 철학이 있듯
홀로 사랑하는 가슴 또한 그러하리니

갇혀버린 안개 속에, 나
방황도 아니요, 허무도 아니리
부디 가 뵐 수 없는 그대여
이른 새벽이슬 쌓이기까지
나의 독백 속에 머물러 주오

홀로 있게 하고

바라만
보겠습니다
내리는 비
그저 무심히 보듯

돌부리에 걸려
잠시
땅 위에서 서성이는
한 줌
바람이 밟히면

그때
그대를
잊겠습니다

달콤했던 시간들이
홀로 있음을 위로하고
스러져 갑니다

4 눈물의 무게

눈물의 무게
　　　가원 박향숙

너무
보고 싶어
흐르는 눈물의 무게는
얼마나 될까?

평생
볼 수 없는
그리움의 깊이는?

오래
기다려도
다가갈 수 없어

곱게 눈 감는
밤에
사그라지지 않는 슬픔들

속,
사랑한다.
속삭이는 눈물 방울들

오늘 하루는

오늘 하루는 유난히 길었습니다.

가을 햇살이 참으로 어여뻤던 하루 속에
파란 하늘과 스치는 바람과 키 작은 풀잎들
어깨 위로 날리는 낙엽의 외로운 떨림
살아가면서
그대, 잊지 않을래요

가을이 조용히 시린 가슴 위에 앉네요
부디, 지난 시절의 우리 계절을 지우지는 마세요

그대 안에 잠시라도 머물 수 있도록
구름처럼 떠돌다 그리움이 손짓하면 쉼표를 찍어 주세요

아름답게 빛났던 추억이 다시금 위무하며
이 계절을 감싸 안습니다

하염없이 나
그댈 그리워하네요
오늘 하루는 유난히도 반짝였습니다

적시네

적시네
그대가 나를

마시네
그대 사랑을

흐르네
우리의 노래

바람의 속삭임 따라
가녀리게 떨리는 별무리들

조용히 깊어가는 애틋한
우리 마음 자락들

지금 밖엔 눈 내립니다

그대가 내민 손
덥석 잡지 못함은
홀연히
물거품처럼 그대
사라질 것 같아서입니다

그대 미소에
환한 웃음으로
오롯이 다가서지 못함은
그 어느 때에 무심히
그림자가 될 것 같아서입니다

빈 방 가득
슬픈 노래가 흐르고
빈 가슴 소복이
그대의 생각이 쌓이고
밖엔 지금 눈 내립니다

그리움의 시작

눈이 내리지 않은 겨울 어느 날
낙엽 하나가 휘어지며
바람에 날리던 날
보고 싶다
그 말이
더
처연히
바람에 휘어지니

갈 길 잃은 내 마음이
거리와 빈 하늘 사이에 서 있다

그리움의 시작이다

너 때문에 눈물이 난다

너 때문에 눈물이 난다
연락도 어렵고
전화하면 목소리는 멀리 있고
사진만 온 종일 보는데
허공에 퍼진 네 얘기가 아련해
보고 싶어,
손이라도 내밀어줘
부드러운 목소리라도
전해줄 수 없겠니?
가련한 이 내 마음
안아줄 수 없겠니?
오늘 밤 하늘 보는 내 눈빛 서러워~
네 미소 별빛 보다 빛나는데
너무 아름다워,
사랑해 다시 생각해도
역시 사랑해
너 때문에 눈물이 난다
너무,
사랑해서

온 마음으로

그대에게
온종일, 그저
생각만으로도
웃음이 나게 하는
사람이고 싶습니다

돌아서 헤어질 때
발걸음이 떨어지지 않아
다시 또 다시
돌아보고 싶게 만드는
사람이고 싶습니다

어둠이 내려,
마음이 까만 빛으로 물들면
촛대 위의 촛불 되어
그대 향해
타오르고 싶습니다

활짝 웃는 그대 모습 보며
이 생을

오롯이 살아가고
싶습니다.
온 마음으로

외로웠던 거야

우리는 너무나 외로웠던 거야
보고 있어도
보고 있지 않아도
눈물이 났던 거지

별이 빛나면 그 아름다움에 겨워
우리는 무심히 슬픔을 잊었을지도 모를 일!
서로 마음의 빗장을 풀던 그 어느 날
바람이 불고 비가 내렸어

지금은 소복이 눈이 내리고
우리는 쌓인 눈 위에서 서로의 눈을 맞추며 노래하네

온 몸의 핏속에서 우러나오는 뜨거운 사랑아!
매 순간 번득이며 설레게 하는 사랑아!

가슴 깊은 곳으로부터
더 깊은 곳까지
담아도 담아도
채워지지 않는 사랑아!

이제

이제
안녕 할까 합니다
어둠 빛 내려
소슬한,
지금은 새벽녘
달빛 한 번 보고
별 하나
둘
찾아 헤매던 두 눈
감을까 합니다

그대에게
안녕을 고하는 이 순간은
수많은 그리움이 속삭임보다 깊습니다

그대를 생각할수록
마음에 감기는 훗훗함으로
기다림이란 꿈을 꾸겠습니다

충분하다

기다려도
소식 없음에
마음엔
눈물의 곰팡이 슬어
눅눅한 슬픔들이 자라
언젠가는 자라난 그거
뺨이 얼얼할 때까지 잘라내야지

기다려도
오지 않는 너
충분하다 이제는 기다리지 않아도

겨울 빈 들녘이 쓸쓸히 손 흔들면
구부린 내 그림자 누이며
조용히 눈 감으리

먹빛 외로움 눈꽃으로 피어
쌓이고 쌓여
충분하다 싶을 때쯤
까마득히 너를 잊으리

눈물의 무게·1

눈물
또르르 흐르고

바람
잠깐
뒤
돌아볼 때

그때
사라지면 좋겠다

생
어디에도 평생 매달 수 없으니
나
먼지 스치듯
잠시 머물렀을 뿐

사랑 따윈
멀리
흔들리는 그림자

눈물의 무게 · 2

너무
보고 싶어
흐르는 눈물의 무게는
얼마나 될까?

평생
볼 수 없는
그리움의 깊이는?

오래
기다려도
다가갈 수 없어

곱게 눈 감는
밤에
사그라지지 않는 슬픔들
속

사랑한다
속삭이는 눈물방울들

사랑은 관심이야

사랑은 관심이야
너의 눈길
손 끝
발 닿는 곳
마음 기대는 곳

너의 입술에 향기 머금어
피워내는 곳까지
호흡 속까지
스미어 머무는 마음이야

사랑은 투명한 불꽃이야
봄 날 아지랑이 같아
위태로우면서 반짝거리지
사랑에는
온갖 빛깔이 다 섞여 있기 때문이야

잠시 멈추고 눈 감아봐
네가 생각하는 난
어떤 빛으로 타오르고 있을까?

그의 노래 들리네

그는 오늘도 볼륨을 높이리
세상을 접고
자신을 향한 노래에
빠져 있으리

문득, 햇살 두 눈 찌르면
눈물 두어 방울 흘릴지 몰라
지나는 낮은 바람에게도
손 내밀지 못한 채
등 돌리네

그는 지금 이 순간
화사한 계절 등지고
켜켜이 잠식된 어둠에 갇혀
회색의 응어리만 부풀리지

슬프게 잠든 소파에
열린 귀를 묻고 한가득
그리움을 더한
그리운 노래 채우리

도무지 알 수 없어

그대가 이른 건지
내가 늦어진 건지

너설 지나 된비알 돌아
당도하는 정상에서 우리는 한 번도
마주한 적 없으니
날파람에 스치는 일별 아쉬워
아득한 길 또,
얼마나 적막하겠는가
살면서 살면서
이같이 어깨 스치고 말없이 지나치듯
빗나가는 것
어디 한두 가지랴마는
땀과 눈물에 찌든 일생 두고
세상 밖으로 걸어가는 길 또한
가없이 쓸쓸하지 않겠는가

아픈 눈빛 내게 향했는지
시린 맘 그대에게 닿았는지
도무지 알 수 없어

그리움이 타는 밤

거울 속에 겨울이 있다
그리움이 타는 밤

울음으로 멍이 든 가슴을
그 누가 비출 수 있을까?

파르르 떠는 아쉬움으로
잉태된 영혼 앞에

애타는 심정이여
창백한 위태로움이여

겨울을 힘껏 감싸도
텅 빈 속내
무엇으로 채울거나

아직도 시려서
견디기 힘든 비애로움
무엇으로 안을거나

거울 속에서 겨울은
늘 침묵하는데

인연

난 단지 거기 있었던 거지
그대를 사랑한 건
그래서였어

아픔 위에 놓인
그대 마음
위태로운 사랑 내 가슴에 닿았네

세상을 향한 작은 기침 같은 사랑
내가 안았네

난 단지 그대의 생을 스쳤을 뿐이었는데
바람 불어 옷깃 휘날렸을 뿐인데

미움이 간다

그댄 나의 빛
그대에게 나는 그림자

있어도
없어도
상관없는
바람
스치는 그런 것

그댄 나의 타오르는 촛불
그대에게 나는 오래 전 깨진 가로등

희미한 미소조차 깜박이지 않는 까만 밤으로
아릿한 미움이 간다

흐린 달빛을 안은 구름은 저문 강과 같다

어쩌면 우리는
잎새 사이로만 나부대는
바람이었을까

홍엽의 수줍은 가을녘에
소슬대던 외로움
어디에 매달 것이냐

긴 한숨 내뱉고
하늘 한 번 보니
우리 머물 곳 어디 있나 싶다

흐린 달빛 속에 들어
구름 흐르고
저문 강 쉼 없이 흐르리니

흐린 달빛을 안은 구름은 저문 강과 같다

빗물처럼

누군가 자꾸자꾸 그리워 흐르는 것처럼
거리를 가득 메워 흐르더라
낮게 깔린 구름은 날개 넓혀 오르고
더 낮은 가슴팍 소리는
더디게만 울리더라
정작 하늘은 비 갠 후
흐뭇하게만 웃어 버려
정지한 풍경은
무색하구나

하루는
빗물처럼
사정없이 아래로만
가고 마는가
어두운 묵향의 깊이에 들어
잠시 멈춤의
그림자를 찍어 보리라

기억하라

죽음은
살아서

검은
눈을
반짝이며

나의
죽음을
기다리고 있다

눈물 속에 피네

네
슬픈 사랑
어둠 속에서 우네

별빛
아스라이 잠들자
쓰러져 우네

왜
눈물 속을 헤매이는가
멀리서
자꾸만 흐려지는가

눈물로 가려진 마지막 문에
쓸쓸히 내려진
빗장

잠겨진
마음에
눈물 꽃 피네

5 외로운 시작

꽃이 진 자리

향기 잃고
빛바랜 지 오래

감탄사를
날리우고
흙 속으로
돌아가는 발길

꽃이 진 자리는
쓸쓸해도 아름답다

가을은

도무지
읽히지 않는
문장들

무늬 바깥에서
더듬이가
아픈데

그저
감은 눈자위에
잠식하는 계절

외사랑 · 1

풀지 말아야 할 숙제

비 온 후에도
젖어 있는 마음

안아도, 안아도
뼛속 깊이 허무할 사랑

외사랑 · 2

부르는 것이 아닌
부르지 않는 것에
똑바로
서지 못하면서
넘어지는

흘러가는 바람에
던져버려도
호흡 속의
더러 긴 한숨으로
토하는

수없는 날들과 밤들
비애로워라

햇살 등져
늘
젖어있는
이끼 같은

외로운 건

우두커니

들숨과
날숨에

스민
침묵

느끼는 것

외출하기 좋은 날

닳지 않은 굽과 먼지 낀 내 단화短靴가 좋다
깨끗한 남방셔츠가 좋고
감칠맛 나는 감색의 윗저고리가 좋다

하얗게 맑은 날
눈부심을 위하여 바람은 저리도 아름다운데
저 너머에는 흔들리는 손짓이 유혹하는데

쓸쓸한 내 거리조차 없고
오래 묵은 포도주 같은 빛의 친구도 없고
달팽이 무더기로 기어가는 시간만 쌓여가는데

호흡은 무엇에 의한 기쁨인가?
최초의 침묵으로 돌아가
소리치고 싶다

실업失業의 마지막을 위하여
외출하기 좋은 오늘을 선물하리니
달팽이 떠난 자국 따라 여유餘裕로나 가 볼까나

바람의 향기

1
사랑은 바람 같은 것
머물기도 하고 떠나기도 하며
거세면서도 부드럽나니
어린 소년의 가슴 봉긋한 수줍음처럼
순수하면서 아름답나니
바람은 사랑을 닮았고 사람들은
그 사랑을 안으며 살리라

2
그리운 사람이 있으면 그리워하라
햇빛 떨어지고 혹은 빗물 흐느낄 때
그대, 새벽별 하나의 이름이 되고
해질 무렵 허무의 날개가 되어
그리운 사람이 있으면 날아가라
바람의 향기에 한껏 몸을 맡기고
모자를 벗고 머리를 휘날리며

달빛

수많은 저녁에
달맞이꽃들 스쳐

밤의 날개 속
소설 같은 첫 줄로

그리운 그대
그윽한 향기
품고 오세요

암연暗然

1 추억이

까르르 웃음을 밀며 술잔을
부딪치던 우정아
오렌지 빛 마른 장미 한 다발이 얼굴을
마주하여 취할 수 없는 추억아
얼마나 오래 기억할 수 있는지
기대보고 보듬어 주고 마음 속속 차들었던 사람들아

2 빈 잔에게

밤을 밝히는 촛불이 흔들린다
기꺼이 미풍에 날아간 열망이
새벽에서 또 다른 새벽까지 되풀이 되고
세월은 가난한 자들에게 더 아름다울 수 있어서
빈 잔은 쓸쓸하지 않을 테다

풍경風磬

가져오고

실어오고

날리는

바람이

풍경에 걸린

나만 보네

사치

뜬 구름 한 아름에
네 마주했던 얼굴 잊을까
소리 없는 몸짓에
설운 멍울만
드리우고

어둠에 잃어지는 멋으로
한 잔씩

한 올 그립다하여
흘러가는 휘파람 같은
기억에
외로이 떨리는
몸부림

흔들리고
부서지며
삭이되
우울한 탐닉은
사치

엄마

며칠만의 엄마께 드리는
안부 전화

'막내딸 사랑한다.'

수화기를 놓고
돌아서는
허공에

뿌연
안개꽃
피어오른다.

친구에게

친구에게
연락이 왔다
시를 올려 달라고

건조한 계절
부스럭대는 거리

밟히지 않는
시를 따라
오후를 떠돌다

친구에게
연락을 했다
여긴 비가 내릴 것 같다고

비를 따라
내 마음 너의 마음에
가 닿았으면 좋겠다고

외로움의 시작

빈 마음
혼자 남아

가랑가랑 바람이 일렁이는
어느 날
시인은 내내 아팠습니다

하얀 눈 내리고
붉은 꽃 필 무렵 지나
연두의 그리움이 피어오를 때까지

다시 삭풍이 불어오고
소연한 초겨울의 들판에서 휘도는 하얀 영혼들

너무 외로웠던 거예요
모든 건 마음 속
외로움의 시작

희망

검은 빛 하늘 아래
뜨거운 잔
부끄럼을 흘린다
병病처럼
취하고픈 욕망을 마시며
달빛 속에 쓰러지는
고독과
고즈넉한 바람의
공허를 위하여
바람에 엉긴
허탈을 위하여
건배를 들자
먼지 만한 속세의 진실을
움켜쥐고
다른 손엔 우리의
훈장 같은
우정을, 그리고
비어있는 가슴엔
살아갈
희망을 갖자

해바라기 웃음

저려오는 가락에
온몸이 타버려도
그리운 얼굴 하나로
재가 되지 않을
내 가슴이여!

한 올의 눈물 아껴
흰 살에 저미고
해바라기 웃음 여민
마음 자락
포르르 떠올라
빈 곳을 향하는데

어디쯤
그대,
머무를 수 있는지
스스러운 눈빛은
한울 아래 있나요

▌詩人의 말

간질거리는 마음
가끔은 탁 걸려 넘어지는 마음
눈시울로 흐르는 마음

네게 향한
내 마음들은
모두 애잔하기도 하여
언제나 바람으로 울렁이며 분다.

마음 두드려 주는
그런 바람으로 분다.

토해지는 아픔들은 고이 접으련다.
다시는
목 놓아 울지 않으련다.

내 마음에
네 마음을 포개었음에도
싸한 바람이 분다면
그 바람 고이 맞으련다.

이든시인선 008
그리운 사람이 그리워하지 않는 사람에게

2017년 6월 27일 초판 1쇄 발행

지 은 이 | 박향숙
펴 낸 이 | 이영옥
펴 낸 곳 | 도서출판 이든북
등록번호 | 제2001-000003호

주   소 | (우34625)대전광역시 동구 태전로 43-1
              (중동. 의지빌딩) 201호
전화번호 | (042)222-2536
팩시밀리 | (042)222-2530
전자우편 | eden-book@daum.net

ⓒ 박향숙.2017

ISBN 979-11-87833-14-7 03810

값 9,000원

이 도서의 국립중앙도서관 출판예정도서목록(CIP)은
서지정보유통지원시스템 홈페이지(http://seoji.nl.go.kr)와
국가자료공동목록시스템(http://www.nl.go.kr/kolisnet)에서 이용하실 수
있습니다.(CIP제어번호: CIP2017014585)

* 잘못된 책은 바꾸어드립니다.